LETTRE

SUR

LA PROCHAINE ELECTION

DE VERSAILLES.

LETTRE

SUR

LA PROCHAINE ÉLECTION

DE VERSAILLES,

ADRESSÉE A M. DORÉE, AVOCAT.

Paris, ce 2 novembre 1830.

MON CHER AMI,

GRACES aux faveurs ministérielles répandues sur l'élu de l'arrondissement de Versailles, le collège électoral de cette ville est convoqué pour procéder à une nouvelle élection. Confirmera-t-il son premier choix? Enverra-t-il à la chambre un nouveau mandataire dans une position entièrement indépendante, *et qui s'engagerait à y rester?* Tels sont les graves intérêts qui doivent s'agiter autour de toi, et auxquels tu prends, sans doute, la part que tu as toujours prise à des questions et dans des circonstances qui intéressent ton patriotisme éprouvé depuis longues années. Il fut un temps où mon zèle eût activement secondé le tien dans la discussion et le jugement de ces questions; mais bien que je n'habite plus ton pays, mes nombreuses relations de famille et d'amitié m'y ont presque conservé le droit de cité, et avec lui celui de me mêler de ses affaires. Au surplus, une élection importe à tout le monde; je m'occuperai donc encore d'élections, et cette fois, je n'aurai point à craindre que certain magistrat *à réquisitoire* le trouve mauvais.

Convient-il de renommer *M. Bertin de Vaux?*

En principe général, les fonctionnaires du gouvernement ne doivent pas être les élus du peuple. La défense des intérêts populaires s'arrange mal des ménagemens qu'est obligé de garder le favori du pouvoir. On verra rarement la main qui émarge les bordereaux de traitemens d'un ministère, mettre dans l'urne législative une boule désapprobatrice. Il ne faut jamais placer la conscience de l'homme en opposition avec son intérêt, ne serait-ce que pour lui épargner les désagrémens et les fatigues du combat. Rappelons-nous, mon cher ami, toutes ces lois si funestes aux libertés de la France : qui les votait? ces fonctionnaires si largement rétribués, toujours prêts, au premier coup-d'œil et au premier signe de la main, à se lever, s'asseoir, interrompre, crier et voter. Dira-t-on que, sous un gouvernement qui veut que la Charte soit une vérité, il est moins à craindre que les gouvernans exigent de leurs subordonnés cette abnégation de conscience qui ravale l'homme à l'état de machine? Les gouvernans sont des hommes, et comme tels, ils veulent faire prédominer leurs opinions et leurs principes. La contradiction les irrite (1), et sous le meilleur gouvernement le pouvoir ministériel aura toujours des faveurs pour les consciences faciles, et pour les votes complaisans.

Supposons que M. Bertin conserve au milieu des honneurs de ses nouvelles fonctions cette indépendance de caractère, qualité première d'un député : la nature même de ces fonctions ne doit-elle pas détourner de le choisir ? Ambassadeur auprès d'un roi qui perd par sa faute la meilleure moitié de son royaume, moitié qui nous est si voisine et qui nous conviendrait si bien, ne faut-il pas qu'il soit l'observateur assidu de tout ce qui va se passer ? Ne faut-il pas qu'il soit le surveillant vigilant de ce que peuvent desirer et tenter des puissances toujours nos rivales, quoique nos alliées ? Certes M. Bertin de Vaux n'aura pas trop de toute sa sagacité, de toute la finesse de son esprit, pour déjouer les trames qu'on ne manquera pas d'ourdir, et pour conserver à la France la position qui lui convient. Une assiduité si nécessaire en pays étranger lui ôtera tout moyen de défendre, et même de représenter les intérêts du département à la Chambre des députés. Seine-et-Oise n'aura donc que six représentans au lieu de sept. En vérité, quand plus de quatre cent mille âmes n'ont, pour défenseurs de leurs droits, que sept mandataires, au moins est-il juste qu'ils soient au complet.

Si des raisons générales s'opposent à la réélection

(1) A quoi a-t-on dû l'état d'incertitude et de malaise dont on s'est plaint trop long-temps ? à l'amour-propre d'un ministre, qui ne pardonnait point à un de ses subordonnés d'avoir manifesté une opinion contraire à la sienne.

de M. Bertin de Vaux, n'en existe-t-il pas de particulières, tirées de sa conduite législative, qui doivent rendre cette réélection impossible?

En abordant ce point délicat de l'examen auquel je me livre, je n'oublierai pas ce que les hommes honnêtes se doivent d'égards entre eux, mais je me souviendrai aussi de ce qu'on doit à la vérité.

Rappelle-toi, mon cher ami, l'époque et les circonstances de l'apparition de M. Bertin de Vaux parmi les candidats à la députation de Seine-et-Oise.

Nous venions de réunir nos efforts pour faire triompher l'honorable M. Jouvencel de M. Usquin; ce n'est pas sans mal que l'ancien maire de Versailles, sauveur de cette ville à deux époques bien remarquables, était parvenu à l'emporter sur le candidat, si dévoué, du ministère. L'estime pour les vertus privées, l'admiration pour le courage de la vie publique, la reconnaissance de toute une population, avaient à peine suffi pour contrebalancer la protection ministérielle.

Notre élu ne fut pas long-temps notre représentant. Un changement survenu dans la haute administration amena une nouvelle convocation des collèges électoraux. Quel fut alors le candidat du ministère? M. Bertin de Vaux. Quel était ce ministère sous la protection duquel il se présentait ? *le ministère déplorable*, plus M. de Châteaubriand.

On se souvient encore à Versailles des réunions d'un certain club électoral qui se tenait, non point dans un *manège*, mais, ce qui est pis encore, dans une *écurie*. M. Bertin de Vaux était le candidat de la réunion, et c'est là qu'un jour, affectant une rigueur de principes peu en harmonie avec la flexibilité connue de son caractère et la facilité de son humeur, il s'écria qu'il aimerait mieux n'être pas élu, que de devoir son élection à une recommandation libérale.

Il fut nommé, et son vote fut acquis à ses *hauts protecteurs*, qui en firent un conseiller-d'état. Mais il arriva qu'un jour M. de Châteaubriand, ministre homme de lettres, reçut un brusque congé, qui lui fut signifié par M. de Villèle, ministre homme d'affaires.

Depuis long-temps M. Bertin de Vaux s'était voué au culte de l'auteur d'*Atala*. Il partageait ses doctrines littéraires et politiques. M. de Châteaubriand était un des plus éloquens rédacteurs du *Journal des Débats*. M. Bertin crut devoir suivre la mauvaise fortune de son noble ami ; il donna sa démission de conseiller, et le *Journal des Débats* fit de l'opposition. Voilà donc M. Bertin de Vaux devenu le disgracié du pouvoir, et bientôt nous vîmes à Versailles le député ministériel métamorphosé en candidat de l'opposition. Étrange et subit changement, dû à un amour propre froissé !

Ce fut lorsque le ministère déplorable se décida à courir les chances d'une nouvelle convocation des Chambres, que M. Bertin de Vaux se présenta comme candidat anti-ministériel. Ses titres étaient, sa démission de conseiller-d'état, les nouvelles doctrines de son journal, et l'amitié de M. Châteaubriand. Sans trop examiner la valeur de ces nouveaux titres, on les reçut, on oublia le passé, et on voulut bien croire que M. Bertin serait désormais un franc opposant, un défenseur zélé de nos libertés. Il triompha aisément du parti qui portait M. Usquin.

Le ministère Villèle tomba victime de la confiance qu'il avait si imprudemment placée dans de nouvelles élections. Le ministère Martignac lui succéda, et M. Bertin de Vaux reprit aussitôt ses fonctions de conseiller-d'état. Il y avait si peu de temps qu'il les avait quittées, qu'il dut trouver sa place encore *toute chaude.* Au fait, il s'était bien hâté, et tu dois te rappeler combien d'électeurs en firent dans le temps l'énergique observation.

Heureusement que, poussé

> . . . . . . par cet esprit de vertige et d'erreur,
> De la chute des rois funeste avant-coureur,

Charles X nous débarrassa du *modérantisme* du ministère Martignac, pour nous jeter dans les excès du ministère contre - révolutionnaire Polignac. M. Bertin, homme d'esprit, sentit bien que là où il y a lutte entre une nation et un parti, il faut que le parti succombe; aussi fut-il du nombre de ces députés qui votèrent cette adresse qui annonçait au monarque l'incompatibilité d'humeur existant entre la Chambre et le ministère. La réélection des votans devint un principe auquel tous durent se soumettre. On n'examina pas si parmi ces votans il s'en trouvait plusieurs étonnés de leur courage et regrettant de l'avoir eu; si d'autres n'étaient pas disposés, pour faire oublier leur résistance inaccoutumée, à se prêter à des transactions et à des arrangemens. On décida de les renommer tous. Le département de Seine - et - Oise fit complètement

triompher le principe arrêté. Ses sept députés fu-
rent réélus! Nous savons tous ce qui arriva à la
suite des nombreuses réélections faites. Le ministère
incompatible signa les ordonnances du 25 juillet, et
fit mitrailler le peuple par ses soldats. Le peuple
déchira les ordonnances, en fit des cartouches et
triompha de ses ennemis. Dans ces momens de
dangers et de guerre, où la population de Paris,
sans chefs, presque sans armes, se levait pour con-
quérir la liberté de tous, on s'écriait : « Et nos dépu-
« tés, que font-ils? Pourquoi ne se réunissent-ils pas
« pour régulariser notre mouvement ? C'est leur
« cause, surtout, que nous défendons. Nous ne
« leur demandons pas de partager avec nous les
« périls des barricades; mais qu'ils se réunissent pour
« légaliser notre résistance. » Ces discours étaient
entendus de quelques courageux mandataires de la
nation, et c'est avec orgueil que le département de
Seine-et-Oise peut dire qu'un de ses députés,
M. Bérard, a été le premier à organiser la résistance
législative, qui se manifesta par la protestation
du 27. M. Jouvencel joignit son courage à celui de
son collègue; mais M. Bertin de Vaux ajourna son
adhésion à des temps plus sûrs, et signa, enfin, par
post-scriptum. Depuis la glorieuse et rapide révolution qui a remplacé une dynastie usée par une
branche chargée de jeunes et vigoureux rejetons,
M. Bertin a refusé le titre de *conseiller-d'état hono-
raire*. C'était pour trop peu s'exposer à une réélection. Mais le refus qu'avait fait M. Bertin d'une mo-
deste fonction ne s'étendit pas à l'offre qui lui fut
faite, quelque temps après, du poste brillant qu'il

occupe. Nous devons lui savoir gré d'avoir vaincu sa répugnance; car il est assez habile pour rendre de bons services au pays dans la mission qui lui est confiée.

En parlant de M. Bertin de Vaux, il est difficile d'isoler sa qualité de député de celle de propriétaire, pour dix-sept trentièmes, du *Journal des Débats*. Convenons alors que les doctrines du journal font craindre pour celles du député. Les *Carlistes* ont appelé cette feuille le journal de la défection; les amis de la liberté seraient-ils donc réduits à lui donner le même titre?

A l'apparition des ordonnances, les propriétaires de ce journal demandent et reçoivent l'autorisation de reparaître, reconnaissant par là qu'on avait le droit de supprimer la liberté de la presse. Les propriétaires des autres journaux signent une protestation énergique, ceux du *Journal des Débats* se refusent à cet acte d'une courageuse et utile résistance. Quelle mesure fatale à la liberté ce journal n'a-t-il pas louée depuis la révolution de juillet! Il a eu des argumens pour prouver que ceux qui avaient pu renvoyer un roi, congédier des pairs, n'avaient pas eu le pouvoir de changer de mauvais juges. Ne faisait-il pas dernièrement l'éloge d'un magistrat que l'opinion publique stigmatisait, parce qu'il était accusé d'avoir décerné quarante-cinq mandats d'arrêt contre de courageux journalistes, qui avaient pris l'initiative de la résistance à l'oppression?

Dans la question de la société des *Amis du peuple*, avec quelle ardeur, quelle véhémence ce journal n'a-t-il pas provoqué la clôture violente de cette société, qui cessa aussitôt ses séances, sur la simple invitation que lui en fit faire le général Lafayette? Pourquoi tant de fureurs là où un seul mot, dit convenablement, devait suffire? Il y avait peu de générosité, de la part de ce journal, à attaquer des hommes contre lesquels s'élevaient déjà tant de préventions et tant de malveillance. De plus, il y avait presque de l'ingratitude; car M. Bertin, journaliste, ne pouvait ignorer les services rendus à M. Bertin député, par l'un de ces hommes (M. Caffin-d'Orsigny) que son journal poursuivait avec tant d'acharnement.

Voilà bien des raisons, mon cher ami, pour engager les électeurs de Versailles à charger de leur mandat un député qui sera plus assidu à le remplir, et qu'on ne verra pas dans des alternatives de faveur et de disgrâce avec MM. les ministres.

Mais alors qui nommera-t-on? Ici on n'a que l'embarras du choix; car les candidats se présentent en foule. MM. Jules Bastide, Germain, Benoît, Guillaume : voilà quatre prétendans; passons-les en revue tous les quatre. D'abord, faisons les honneurs à l'étranger; ainsi le veulent les lois de l'hospitalité.

M. Jules Bastide est un jeune homme de trente-un ans. Il est rempli d'idées généreuses. Comme nous, il gémissait sous le gouvernement humiliant de Charles X; comme nous, il aspirait au moment de secouer le joug; toutes ses pensées étaient dirigées vers ce but; aussi vit-il avec autant de plaisir que nous deux luire le soleil des trois journées. Homme de cœur et de résolution, il s'arma d'un fusil, et se joignit à cette population, si brave et si généreuse, qui vainquit et pardonna. Après la victoire, M. Jules Bastide a pensé qu'il était encore pour lui un moyen de défendre des intérêts pour le triomphe desquels il avait combattu corps à corps; il a aspiré aux honneurs de la députation. Ses titres sont dans son patriotisme éprouvé, dans la fixité de ses opinions, dont se portent garans les hommes les plus honorables, que nous aimons et que nous respectons tous. La seule objection qu'on puisse faire contre M. Bastide est tirée de ce qu'il est étranger et inconnu au département. Des électeurs, dit-on, ne doivent pas être réduits à demander quels sont le nom, l'état, la famille, quelles sont les opinions du député qu'ils ont à élire : ils doivent savoir toutes ces choses sans être obligés de les demander.

Tu connais sur ce point ma manière de penser : selon moi, un département doit se suffire à lui-même pour sa *représentation et son administration*. Combien de mauvais choix n'auraient pas été faits si les administrateurs eussent été choisis dans les localités! Ignorant le pays et les hommes, un administrateur qu'on envoie du midi pour administrer le nord, ne marche qu'en hésitant, et souvent il est dupe, à son insu, d'une coterie qui s'est organisée pour le surprendre. Un député doit aussi être du pays, parce qu'il en connaîtra les besoins. S'il doit protéger, il le fera plus hardiment, car il pourra dire : « Cet homme est de ma cité. »

Après M. Bastide, se présente M. Benoît. Ce candidat est un orateur abondant, d'une éloquence vive, épigrammatique et spirituelle. Sa fortune et son goût le rendent indépendant; son caractère est naturellement porté à l'opposition. Comme beaucoup d'autres, il a salué avec enthousiasme l'aurore de la restauration; mais il avait trop d'esprit et de patriotisme, pour rester dans les rangs d'un parti qui se recrutait dans une vieille et ridicule aristocratie, et cherchait des alliés à l'étranger. Comme avocat, M. Benoît s'est montré le défenseur courageux des droits de ses cliens en opposition avec les prétentions de la puissance. On se rappellera toujours le zèle qu'il a développé dans la cause d'un honorable père de famille, outragé dans ses affections les plus chères par un de ces soldats prétoriens dont les Parisiens ont triomphé. On sait qu'en accomplissant un devoir sacré, M. Benoît ne fut pas à l'abri des menaces. Comme citoyen, M. Benoît a, dans ces derniers temps, fait preuve de courage, en attaquant des électeurs frauduleusement inscrits par l'administration. Je l'avais entendu à la Cour royale plaidant avec talent et indépendance la cause des franchises électorales; je le rencontrai à quelques jours de là commandant la garde nationale de Versailles dans cette expédition de Rambouillet que le parti vaincu regrette aujourd'hui de n'avoir pas ensanglantée.

M. Benoît, député d'une ville dans laquelle il est né, apporterait dans la députation un talent de tribune qui lui manque, et ferait honneur au département.

Quant à M. Guillaume, je ne le connais pas, et je ne pourrais, pour le faire connaître, que répéter ce qu'il dit lui-même aux électeurs dans la lettre qu'il leur adresse.

Venons maintenant à M. Germain. Ce candidat

est du pays; il est né aux portes de Versailles; il a dans son arrondissement son domicile civil et politique. A la révolution de 89, il était à la tête d'une entreprise qui lui procurait profits et privilèges; il n'hésita pas, malgré les avantages de sa position, à se ranger parmi les partisans d'un nouvel ordre de choses, qui détruisait pour lui privilèges et profits. Son désintéressement et son patriotisme reçurent leur récompense par le choix qu'on fit de lui pour être député-rédacteur du cahier des doléances du tiers-état du bailliage de Meudon. Il rédigea dans ce cahier les plaintes formées contre les capitaineries, et fit décréter que « l'agriculture, la mère, la nourrice de tous les arts, serait libre et protégée dans toutes ses parties ». Il fut successivement élu maire, juge-de-paix, administrateur du département de Seine-et-Oise, président de l'administration, député au conseil des Cinq-Cents. Dans toutes ses fonctions il se montra toujours patriote dévoué, homme populaire, magistrat infatigable et désintéressé; sacrifiant tout à la chose publique, son repos, sa santé et sa fortune. Le consulat et l'empire ne le virent point prendre rang parmi leurs adulateurs; il resta ce qu'il est encore, patriote de 89. Cette invariabilité d'opinion lui suscita plusieurs persécutions qui ne firent qu'augmenter l'estime qu'on lui portait. Arrêté par ordre d'André Dumont, il fut relâché sur la demande unanime de sa commune. A la restauration, comme beaucoup d'autres, il gémit, et se résigna. Sa longue expérience lui faisait entrevoir des jours meilleurs. Au retour de Napoléon, à la demande et à l'exemple de Carnot, ce patriote par excellence, il accepta les fonctions de sous-préfet à Dieppe ; là il eut occasion de découvrir les manœuvres du ministre de la police ; il les fit connaître, et donna sa démission, voyant qu'on ne faisait rien pour les déjouer. Depuis, son patriotisme ne s'est pas ralenti : il en a donné des preuves en rédigeant un article sur les chasses royales dans les *Fastes civils*, et en faisant paraître plusieurs brochures, toutes écrites avec verve, dans les intérêts patriotiques. Quoique âgé de plus de soixante ans, M. Germain a conservé l'énergie et la vigueur de l'âge mûr. Habitant ordinairement les champs, il a en agronomie des connaissances que personne ne lui dispute, et qui pourraient être très utiles dans un département agricole ; comme beaucoup d'autres, il pourrait siéger à la Société d'agriculture, car il en a été nommé membre. Ayant long-temps administré, il connaît les besoins du peuple, et se montrerait son défenseur zélé et éclairé. Ainsi que le vétéran de la liberté dans les deux mondes, M. Germain saurait concilier les opinions démocratiques, qui l'ont toujours animé, avec la forme monarchique de notre gouvernement, à la tête duquel il se réjouit de voir un roi-citoyen, l'un des vainqueurs de Jemmapes. Le pays et le département en particulier ne pourraient que gagner au choix qu'on ferait de M. Germain. Au surplus, il l'a dit dans sa lettre aux électeurs, il se consolera, en bon patriote, s'il n'est pas nommé, parce que le choix de ses concitoyens sera tombé sur un plus digne. Cette modestie prouve encore le patriotisme de M. Germain.

Je viens, mon cher ami, de retracer les titres des

trois principaux candidats à la députation : c'est aux
électeurs à choisir; leur choix dans le moment pré-
sent peut avoir une grande influence ; qu'on ne se
le dissimule pas, les circonstances sont graves; c'est
une raison pour élire un député d'un caractère
ferme, d'un désintéressement absolu. Le pilote qui
a vu le plus souvent la mer et ses orages, peut mieux
qu'un autre guider le navire et le conduire à bon
port. Je finis par cette réflexion, que j'abandonne au
patriotisme de MM. les électeurs.

Ton vieil ami,

H. Longueville, avocat.

IMPRIMÉ CHEZ PAUL RENOUARD, RUE GARENCIÈRE, N. 5.